ANDREA JOURDAN

Complètement
LASAGNES

LES ÉDITIONS DE
L'HOMME
Une société de Québecor Média

Éditrice : Émilie Mongrain
Design graphique : Josée Amyotte
Infographie : Johanne Lemay et Chantal Landry
Révision : Lucie Desaulniers
Correction : Sylvie Massariol
Photographies : Philip Jourdan

Catalogage avant publication de Bibliothèque et
Archives nationales du Québec et Bibliothèque et
Archives Canada

Jourdan, Andrea, 1956-

Lasagnes

(Complètement)

ISBN 978-2-7619-3671-2

1. Cuisine (Pâtes alimentaires). 2. Livres de cuisine.
I. Titre. II. Collection : Complètement.

TX809.M17J68 2014   641.82'2   C2014-940916-8

Imprimé en Chine

06-14

Dépôt légal : 2014
Bibliothèque et Archives nationales du Québec

ISBN 978-2-7619-3671-2

DISTRIBUTEUR EXCLUSIF :
Pour le Canada et les États-Unis :
MESSAGERIES ADP*
2315, rue de la Province
Longueuil, Québec J4G 1G4
Téléphone : 450-640-1237
Télécopieur : 450-674-6237
Internet : www.messageries-adp.com
* filiale du Groupe Sogides inc.,
   filiale de Québecor Média inc.

Suivez-nous sur le Web

Consultez nos sites Internet et inscrivez-vous
à l'infolettre pour rester informé en tout
temps de nos publications et de nos concours
en ligne. Et croisez aussi vos auteurs préférés
et notre équipe sur nos blogues !

EDITIONS-HOMME.COM
EDITIONS-JOUR.COM
EDITIONS-PETITHOMME.COM
EDITIONS-LAGRIFFE.COM

Pour en savoir plus sur l'auteur,
andreajourdan.com

Gouvernement du Québec – Programme de crédit
d'impôt pour l'édition de livres – Gestion SODEC –
www.sodec.gouv.qc.ca

L'Éditeur bénéficie du soutien de la Société de
développement des entreprises culturelles du Québec
pour son programme d'édition.

Conseil des Arts   Canada Council
du Canada   for the Arts

Nous remercions le Conseil des Arts du Canada de
l'aide accordée à notre programme de publication.

Nous reconnaissons l'aide financière du gouvernement
du Canada par l'entremise du Fonds du livre du Canada
pour nos activités d'édition.

Table des matières

Lasagne à l'aubergine

PORTIONS : 4   **PRÉPARATION :** 20 min   **CUISSON :** 50 min

60 ml (¼ tasse) d'huile d'olive extra vierge

2 oignons moyens, en dés

3 grosses aubergines, en dés

3 c. à soupe de basilic frais haché

12 pâtes à lasagne

500 ml (2 tasses) de coulis de tomate

2 boules de mozzarella, en tranches fines

3 tomates, en dés

4 branches de thym, hachées

2 c. à soupe de parmesan râpé

Préchauffer le four à 180 °C (350 °F).

Dans une casserole, chauffer 3 c. à soupe d'huile et faire revenir les oignons 4 minutes. Ajouter les aubergines et cuire à feu doux, en remuant souvent, 20 minutes ou jusqu'à ce que les aubergines soient fondantes. Ajouter le basilic, mélanger et retirer du feu.

Dans une grande quantité d'eau bouillante salée, cuire les pâtes environ 10 minutes, jusqu'à ce qu'elles soient *al dente*. Égoutter et déposer sur un linge humide propre. À l'aide d'un emporte-pièce, découper des cercles dans les pâtes cuites.

Dans des plats à gratin individuels, déposer une couche de coulis de tomate. Couvrir d'une rondelle de pâte, d'une couche épaisse d'aubergines et d'une couche de tranches de mozzarella. Répéter l'opération : pâte, aubergines, mozzarella. Terminer par une couche de dés de tomates. Parsemer de thym et arroser du reste d'huile d'olive. Saupoudrer de parmesan.

Cuire au four 15 minutes ou jusqu'à ce que le dessus de la lasagne commence à dorer. Servir immédiatement avec le coulis de tomate qui reste.

Lasagne à la courge

PORTIONS: 6 **PRÉPARATION:** 20 min **CUISSON:** 1 h 55 min

2 kg (4 lb) de courge musquée,
en tranches

2 c. à soupe d'huile d'olive
extra vierge

½ c. à café de sel

Poivre

225 g (½ lb) de pancetta ou
de bacon maigre, haché

1 oignon, haché finement

1 branche de céleri, hachée
finement

2 gousses d'ail, écrasées

1 c. à café de piment de la
Jamaïque

796 ml (28 oz) de tomates
en conserve, en dés

125 ml (½ tasse) de vin rouge sec

500 ml (2 tasses) de coulis
de tomate

1 c. à café d'origan séché

2 c. à café de sauge fraîche hachée

225 g (½ lb) de parmesan, râpé

250 ml (1 tasse) de crème
à fouetter 35 %

16 pâtes à lasagne de blé entier

Noisette de beurre (pour le plat
à gratin)

450 g (1 lb) de mozzarella, râpée

3 œufs, légèrement battus

Préchauffer le four à 200 °C (400 °F).

Badigeonner d'huile les tranches de courge et les
déposer sur 2 plaques de cuisson recouvertes de papier
d'aluminium. Saler et poivrer. Cuire au four 30 minutes.
Laisser refroidir. Couper les tranches en cubes.

Baisser la température du four à 190 °C (375 °F).

Dans un poêlon, à feu moyen, cuire la pancetta (ou le
bacon) jusqu'à ce que le gras commence à s'écouler.
Retirer la viande et réserver. Dans le gras, faire revenir
l'oignon, le céleri, l'ail et le piment de la Jamaïque, en
mélangeant, jusqu'à ce que l'oignon soit translucide.
Ajouter les tomates, le vin rouge, le coulis de tomate,
l'origan et la sauge. Laisser mijoter 30 minutes. Au fouet,
incorporer le parmesan et la crème. Retirer du feu.

Dans une grande casserole d'eau bouillante salée, cuire
les pâtes *al dente*. Rincer sous l'eau froide et déposer sur
un linge humide propre.

Dans un plat à gratin beurré, étaler la moitié de la sauce
tomate. Couvrir d'une couche de pâtes. Couvrir de la
moitié des courges et de la moitié de la mozzarella.
Couvrir du reste de pâtes et de courges. Verser les œufs
battus et les dés de pancetta (ou de bacon). Couvrir du
reste de sauce tomate et de mozzarella.

Couvrir de papier d'aluminium et cuire au four 20 minutes.
Retirer le papier et poursuivre la cuisson 15 minutes ou
jusqu'à ce que la lasagne bouillonne et que le fromage soit
légèrement doré.

Lasagne au brocoli et à la mozzarella

PORTIONS: 4 **PRÉPARATION:** 20 min **CUISSON:** 50 min **ATTENTE:** 5 min

16 pâtes à lasagne vertes

1 litre (4 tasses) de sauce tomate

2 cubes de bouillon de légumes

1 c. à café de poivre noir, moulu

1 c. à café de piment fort, haché

1 brocoli, en petits bouquets

Noisette de beurre (pour le plat à gratin)

225 g (½ lb) de mozzarella, râpée

1 boule de mozzarella di Bufala, tranchée

Préchauffer le four à 180 °C (350 °F).

Dans une grande quantité d'eau bouillante salée, cuire les pâtes environ 10 minutes, jusqu'à ce qu'elles soient *al dente*. Égoutter et déposer sur un linge humide propre.

Dans une petite casserole sur feu doux, cuire la sauce tomate, les cubes de bouillon, le poivre noir et le piment 10 minutes, en remuant souvent. Réserver.

Dans un cuit-vapeur, cuire le brocoli 6 minutes ou jusqu'à ce qu'il soit facile à percer avec la pointe d'un couteau, mais encore croquant et ferme. Égoutter.

Dans un plat à gratin beurré, verser une fine couche de sauce tomate. Couvrir de pâtes, puis de sauce tomate, de la moitié de la mozzarella râpée et de la moitié des bouquets de brocoli. Déposer une autre couche de pâtes, la moitié du reste de la sauce tomate, la mozzarella di Bufala et le reste des brocolis. Couvrir de pâtes, du reste de la sauce tomate et du reste de la mozzarella râpée.

Couvrir de papier d'aluminium et cuire au four 10 minutes. Retirer le papier d'aluminium et poursuivre la cuisson 15 minutes ou jusqu'à ce que le dessus de la lasagne soit légèrement doré. Retirer du four et laisser reposer 5 minutes avant de servir.

Lasagne aux champignons

PORTIONS: 4 **PRÉPARATION:** 20 min **TREMPAGE:** 1 h **CUISSON:** 50 min

25 g (1 oz) de cèpes séchés

250 ml (1 tasse) d'eau tiède

4 c. à soupe de beurre

250 g (9 oz) de champignons de Paris (blancs), émincés

8 pâtes à lasagne

1 échalote, hachée

4 c. à soupe de farine

250 ml (1 tasse) de bouillon de bœuf, chaud

125 ml (½ tasse) de porto

250 ml (1 tasse) de crème légère 15 %

2 jaunes d'œufs

½ c. à café de muscade moulue

Sel et poivre

2 c. à soupe de persil frais haché

225 g (½ lb) de gouda vieilli, râpé

Dans un bol, couvrir les cèpes d'eau tiède et laisser réhydrater 1 heure.

Préchauffer le four à 180 °C (350 °F).

Dans un poêlon, à feu moyen, faire fondre 2 c. à soupe de beurre et faire sauter les champignons de Paris 8 minutes. Réserver.

Dans une grande quantité d'eau bouillante salée, cuire les pâtes environ 10 minutes, jusqu'à ce qu'elles soient *al dente*. Égoutter et déposer sur un linge humide propre.

Dans une casserole, à feu doux, faire fondre le reste du beurre et faire revenir l'échalote 5 minutes. Ajouter la farine et mélanger. Verser le bouillon de bœuf et le porto, bien mélanger. Ajouter les cèpes réhydratés et leur liquide de trempage, les champignons de Paris et leur liquide de cuisson, et mélanger. Verser la crème en mélangeant. Cuire, en remuant, jusqu'à ce que la sauce épaississe légèrement. Retirer du feu et incorporer, en fouettant, les jaunes d'œufs, la muscade et une pincée de sel et de poivre.

Dans des caquelons individuels, déposer une couche de sauce aux champignons. Couvrir d'une lasagne, puis de sauce aux champignons, de persil, d'une autre lasagne et de sauce aux champignons. Saupoudrer de gouda.

Cuire au four 15 minutes ou jusqu'à ce que le fromage bouillonne. Servir immédiatement.

Lasagne aux légumes grillés et à la ricotta

PORTIONS: 4 **PRÉPARATION:** 15 min **CUISSON:** 20 min

4 courgettes, tranchées sur le long

2 poivrons rouges, coupés en 2 et épépinés

1 bulbe de fenouil, en tranches minces

Sel fin

60 ml (¼ tasse) d'huile d'olive extra vierge

750 ml (3 tasses) de ricotta

250 ml (1 tasse) de crème à fouetter 35 %

1 c. à soupe de zeste de citron, finement râpé

2 tomates moyennes, en dés

2 gousses d'ail, hachées

1 c. à soupe de ciboulette hachée

2 c. à soupe d'origan frais haché

Huile au piment

125 ml (½ tasse) d'huile d'olive extra vierge

1 c. à soupe de jus de citron

1 piment oiseau, finement haché

Préchauffer le four à 180 °C (350 °F).

Sur une plaque de cuisson recouverte de papier sulfurisé, déposer les tranches de courgettes, les poivrons et les tranches de fenouil. Saler légèrement et arroser d'huile d'olive. Cuire au four 10 minutes. Retourner les légumes délicatement et poursuivre la cuisson 10 minutes ou jusqu'à ce que les légumes commencent à griller sur les bords. Retirer du four.

Dans un bol, mélanger la ricotta, la crème 35 %, le zeste de citron, les tomates, l'ail, la ciboulette et l'origan.

Huile au piment : Dans un petit bol, mélanger tous les ingrédients.

Dans des assiettes individuelles, déposer une tranche de poivron. Couvrir d'un peu de préparation à la ricotta. Ajouter 1 ou 2 tranches de courgette (selon leur taille). Couvrir d'un peu de préparation à la ricotta et de quelques tranches de fenouil. Garnir du reste de la préparation à la ricotta. Arroser d'huile au piment et servir immédiatement.

Lasagne aux noix
et au gruyère

PORTIONS: 4   **PRÉPARATION:** 20 min   **CUISSON:** 45 min   **ATTENTE:** 5 min

5 c. à soupe de beurre

75 g (1 tasse) de noix, hachées

8 pâtes à lasagne

1 oignon, finement haché

1 gousse d'ail, hachée

65 g (½ tasse) de farine tout usage

1 litre (4 tasses) de lait

500 ml (2 tasses) de crème
à fouetter 35 %

2 c. à café de muscade moulue

450 g (1 lb) de gruyère, râpé

Sel et poivre

1 c. à café d'huile végétale
(pour le plat à gratin)

150 g (5 tasses) d'épinards

50 g (2 oz) de cerneaux de noix

4 c. à soupe de parmesan râpé

Préchauffer le four à 180 °C (350 °F).

Dans un poêlon, faire fondre 1 c. à soupe de beurre. Ajouter les noix hachées et faire revenir 5 minutes. Retirer du feu.

Dans une grande quantité d'eau bouillante salée, cuire les pâtes environ 10 minutes, jusqu'à ce qu'elles soient *al dente*. Égoutter et déposer sur un linge humide propre.

Dans une casserole, faire fondre le reste du beurre et faire revenir l'oignon et l'ail 5 minutes. Incorporer la farine en remuant. Verser le lait en fouettant et cuire jusqu'à ce que la sauce épaississe légèrement, en remuant. Incorporer la crème, la muscade et le gruyère. Ajouter les noix hachées rôties et mélanger. Saler et poivrer légèrement.

Huiler légèrement le fond d'un plat à gratin et y déposer une couche de pâtes. Couvrir d'une couche de sauce au gruyère, puis d'épinards. Couvrir d'une couche de pâtes et du reste de la sauce au gruyère. Garnir de cerneaux de noix et de parmesan.

Cuire au four 25 minutes ou jusqu'à ce que le dessus soit doré et que le mélange bouillonne. Retirer du four et laisser reposer 5 minutes avant de servir.

Lasagne aux quatre fromages

PORTIONS: 6 **PRÉPARATION:** 20 min **CUISSON:** 1 h **ATTENTE:** 10 min

16 pâtes à lasagne

4 c. à soupe de beurre + 1 noisette pour le plat à gratin

1 gros oignon, finement haché

2 poireaux, hachés

65 g (½ tasse) de farine tout usage

500 ml (2 tasses) de bouillon de légumes, tiède

750 ml (3 tasses) de lait

1 c. à café de muscade moulue

175 g (6 oz) de gorgonzola

1 litre (4 tasses) de tomates en conserve, en dés

1 c. à café d'origan frais haché

Sel et poivre

250 g (9 oz) de provolone, en tranches

250 g (2 ¼ tasses) de mozzarella râpée

100 g (1 tasse) de parmesan râpé

Préchauffer le four à 200 °C (400 °F).

Dans une grande quantité d'eau bouillante salée, cuire les pâtes *al dente*. Égoutter et déposer sur un linge propre.

Dans une casserole, à feu doux, faire fondre 2 c. à soupe de beurre et cuire l'oignon et les poireaux 5 minutes, en remuant. Ajouter 2 c. à soupe de beurre et laisser fondre. Incorporer la farine. Lentement, en fouettant, verser le bouillon de légumes, puis le lait. Fouetter jusqu'à l'obtention d'une sauce épaisse et lisse. Incorporer la muscade et le gorgonzola, et mélanger jusqu'à ce que le fromage soit fondu. Retirer du feu et réserver.

Au robot culinaire, mélanger les tomates, l'origan et une pincée de sel et de poivre.

Dans un plat à gratin beurré, verser ⅓ de la préparation aux tomates et couvrir de ⅓ des pâtes. Ajouter, en couches successives, ⅓ de la béchamel, la moitié du provolone, ⅓ des pâtes, ⅓ de la préparation aux tomates, la moitié de la mozzarella, ⅓ de la béchamel et le reste du provolone. Recouvrir du reste des pâtes, de la sauce tomate et de la béchamel. Garnir du reste de mozzarella et saupoudrer de parmesan. Couvrir de papier d'aluminium.

Enfourner et baisser la température du four à 180 °C (350 °F). Cuire 25 minutes. Retirer le papier d'aluminium et poursuivre la cuisson 15 minutes ou cuire jusqu'à ce que le dessus de la lasagne soit doré. Retirer du four et laisser reposer 10 minutes avant de servir.

NOTE: Si on utilise des pâtes à lasagne précuites, ajouter 250 ml (1 tasse) de tomates broyées.

Lasagne au pesto et au chèvre

PORTIONS: 6 **PRÉPARATION:** 20 min **CUISSON:** 10 min

9 pâtes à lasagne

2 c. à soupe d'huile d'olive extra vierge

375 ml (1 ½ tasse) de pesto

60 ml (¼ tasse) de crème à fouetter 35 %

4 tomates, en tranches fines

Sel et poivre

250 g (9 oz) de fromage de chèvre frais, émietté

2 c. à soupe de noix de pin

Dans une grande quantité d'eau bouillante salée, cuire les pâtes environ 10 minutes, jusqu'à ce qu'elles soient *al dente*. Égoutter et déposer sur un linge humide propre. Huiler légèrement les pâtes et les couper en deux.

Dans un bol, mélanger le pesto et la crème. À l'aide d'un batteur électrique, fouetter jusqu'à ce que la préparation forme des pics mous.

Dans des plats individuels, déposer 2 c. à soupe de sauce pesto. Couvrir d'une pâte, puis d'une couche de tomates. Saler et poivrer. Couvrir de fromage de chèvre et ajouter quelques gouttes de sauce au pesto. Ajouter une pâte, une couche de tomates et du fromage de chèvre. Terminer par une pâte et le reste de la sauce pesto. Parsemer de noix de pin et de quelques gouttes d'huile d'olive. Servir immédiatement.

Lasagne minute

PORTIONS: 4 **PRÉPARATION:** 15 min **CUISSON:** 20 min

125 ml (½ tasse) de bouillon
de légumes

200 g (1 ⅓ tasse) de petits pois,
surgelés

½ c. à café de filaments de safran

3 c. à soupe d'huile d'olive
extra vierge

2 courgettes, en tranches épaisses

2 tomates, en 4 tranches épaisses

Sel et poivre

3 c. à soupe de ciboulette, hachée

110 g (1 tasse) d'emmental râpé

2 gros champignons portobello,
en tranches fines

200 g (7 oz) de minibilles
de mozzarella

Dans une casserole, porter le bouillon de légumes à ébullition. Ajouter les petits pois et cuire 8 minutes. Verser dans un mélangeur et broyer pour obtenir une sauce lisse. Incorporer le safran.

Dans un grand poêlon, à feu moyen, chauffer 2 c. à soupe d'huile et faire revenir les courgettes 2 minutes de chaque côté. Retirer les courgettes du poêlon et les déposer dans une assiette. Ajouter le reste de l'huile dans le poêlon et faire revenir les tranches de tomates 2 minutes. Retourner délicatement et poursuivre la cuisson 2 minutes. Saler et poivrer généreusement.

Déposer 1 tranche de tomate dans chaque assiette. Parsemer de ciboulette. Couvrir d'une tranche de courgette, d'emmental et de champignons. Répéter l'opération : tomate, ciboulette, courgette, emmental et champignons. Garnir de quelques minibilles de mozzarella. Arroser de sauce aux petits pois et servir immédiatement.

Lasagnette, sauce crème et pesto rouge

PORTIONS: 4 **PRÉPARATION:** 10 min **CUISSON:** 25 min

2 échalotes, finement tranchées

8 feuilles de basilic, hachées

500 ml (2 tasses) de pesto rouge

250 g (9 oz) de fromage à la crème

450 g (1 lb) de lasagnettes

3 c. à soupe d'huile d'olive extra vierge

3 c. à soupe d'amandes effilées

100 g (3 oz) de parmesan, râpé

Préchauffer le four à 190 °C (375 °F).

Au robot culinaire, mélanger les échalotes, le basilic, le pesto et le fromage à la crème.

Dans une grande quantité d'eau bouillante salée, cuire les lasagnettes environ 10 minutes, jusqu'à ce qu'elles soient *al dente*. Égoutter et arroser d'huile d'olive. Transférer dans un grand bol. Verser la sauce sur les lasagnettes et mélanger. Transférer la préparation dans un plat à gratin beurré. Saupoudrer d'amandes et de parmesan.

Cuire au four 15 minutes. Servir immédiatement.

Lasagne à la mexicaine

PORTIONS : 2 **PRÉPARATION :** 15 min **CUISSON :** 35 min

2 c. à soupe d'huile d'olive extra vierge

1 gros oignon rouge, haché

225 g (½ lb) de bœuf haché maigre

1 petit piment fort, haché

Sel et poivre

1 c. à soupe de cumin

3 grandes tortillas de maïs ou de blé

2 tomates, en tranches fines

375 ml (1 ½ tasse) de béchamel (voir recette p. 39)

450 g (1 lb) de fromage Monterey Jack, râpé

250 ml (1 tasse) de maïs en grains

3 c. à soupe de coriandre fraîche hachée

125 ml (½ tasse) de salsa mexicaine

Préchauffer le four à 180 °C (350 °F).

Dans un poêlon, à feu moyen, chauffer l'huile et faire revenir l'oignon 3 minutes. Ajouter le bœuf haché et le piment fort. Cuire, en remuant, 10 minutes ou jusqu'à ce que la viande soit bien cuite. Assaisonner de sel, de poivre et de cumin. Retirer du feu.

Dans un plat de cuisson rond à bordure haute (ou un moule à gâteau), déposer une tortilla. Couvrir de bœuf haché, de la moitié des tranches de tomates et d'une fine couche de béchamel. Parsemer de la moitié du fromage. Ajouter une autre tortilla, le reste de la viande, le maïs, la moitié de la coriandre et la moitié du reste de béchamel. Couvrir d'une tortilla, du reste des tomates, de la béchamel et du fromage.

Couvrir de papier d'aluminium (sans toucher le dessus de la lasagne) et cuire au four 20 minutes.

Couper la lasagne en 2 et servir avec la salsa mexicaine.

Lasagne à la saucisse italienne

PORTIONS: 4 **PRÉPARATION:** 40 min **CUISSON:** 55 min

8 pâtes à lasagne

3 c. à soupe d'huile d'olive
extra vierge

2 échalotes, hachées

8 tomates San Marzano
(ou italiennes), en dés

Sel et poivre

12 feuilles de basilic

450 g (1 lb) de saucisse italienne
(douce ou piquante),
en tronçons

450 g (1 lb) de ricotta

2 œufs

4 c. à soupe de parmesan râpé

3 c. à soupe de beurre, fondu

225 g (½ lb) de mozzarella,
en tranches

Préchauffer le four à 190 °C (375 °F).

Dans une grande quantité d'eau bouillante salée, cuire les pâtes environ 10 minutes, jusqu'à ce qu'elles soient *al dente*. Égoutter, rincer et déposer sur un linge humide propre.

Dans un poêlon, à feu moyen, chauffer 2 c. à soupe d'huile et faire revenir les échalotes 4 minutes. Ajouter les tomates et une pincée de sel et de poivre. Cuire 10 minutes en remuant de temps à autre. Ajouter le basilic et retirer du feu.

Dans une poêle, chauffer le reste de l'huile et faire revenir la saucisse 12 minutes.

Dans un bol, mélanger la ricotta, une pincée de sel, les œufs et le parmesan.

Dans 4 plats à gratin individuels, déposer un peu de mélange à la tomate. Couvrir d'une pâte. Ajouter le mélange de ricotta et la saucisse. Couvrir d'une pâte. Badigeonner de beurre fondu et garnir d'une tranche de mozzarella.

Cuire au four 15 minutes. Servir immédiatement.

Lasagne au bœuf et aux épinards

PORTIONS: 4 **PRÉPARATION:** 20 min **CUISSON:** 1 h 25 min

3 c. à soupe d'huile d'olive extra vierge

2 échalotes, hachées

350 g (12 oz) de bœuf haché maigre

125 ml (½ tasse) de vin blanc sec

500 ml (2 tasses) de coulis de tomate

2 branches de thym frais

1 feuille de laurier

Sel et poivre

1 c. à soupe de beurre

2 bottes d'épinards frais, hachés grossièrement

375 g (13 oz) de ricotta

750 ml (3 tasses) de sauce béchamel (voir recette p. 39)

12 pâtes à lasagne précuites

2 c. à soupe de chapelure

225 g (½ lb) de fromage fontina, râpé

Préchauffer le four à 180 °C (350 °F).

Dans une casserole à feu moyen, chauffer l'huile et faire revenir les échalotes 3 minutes. Ajouter le bœuf haché et faire revenir 15 minutes. Retirer le plus possible de jus et de gras de cuisson. Verser le vin blanc, porter à ébullition et cuire 2 minutes. Baisser le feu, ajouter le coulis de tomate, le thym et le laurier, et laisser mijoter 20 minutes, en remuant souvent. Saler et poivrer au goût.

Dans un poêlon, fondre le beurre et faire sauter les épinards 3 minutes. Transférer dans un bol. Saler et poivrer généreusement. Incorporer la ricotta.

Dans un plat à gratin beurré, étaler une couche de béchamel. Couvrir de pâtes. Ajouter une couche de sauce à la viande et une couche d'épinards. Couvrir d'une couche de pâtes, puis de béchamel, de sauce à la viande, d'épinards et de pâtes. Parsemer de chapelure et de fromage fontina.

Couvrir de papier d'aluminium et cuire au four 30 minutes. Retirer le papier d'aluminium et poursuivre la cuisson 10 minutes. Servir immédiatement.

Lasagne au jambon et aux oignons caramélisés

PORTIONS: 4 **PRÉPARATION:** 20 min **CUISSON:** 1 h 10 **ATTENTE:** 5 min

2 c. à soupe de beurre

1 c. à soupe d'huile d'olive extra vierge

4 gros oignons, tranchés

2 c. à soupe de vinaigre balsamique blanc

3 c. à soupe de sucre

1 c. à soupe de zeste d'orange, finement râpé

Sel et poivre

16 pâtes à lasagne

500 ml (2 tasses) de béchamel (voir recette p. 39)

450 g (1 lb) de jambon blanc cuit, en tranches fines

225 g (½ lb) de gruyère, râpé

Préchauffer le four à 180 °C (350 °F).

Dans une casserole, à feu doux, chauffer le beurre et l'huile et faire revenir les oignons 5 minutes, en remuant souvent. Couvrir la casserole et poursuivre la cuisson 5 minutes. Ajouter le vinaigre balsamique et le sucre. Bien mélanger et cuire 3 minutes, en remuant. Incorporer le zeste d'orange, couvrir et cuire à feu doux 20 minutes ou jusqu'à ce que les oignons soient bien tendres et légèrement caramélisés. Retirer du feu, saler et poivrer, au goût.

Dans une grande quantité d'eau bouillante salée, cuire les pâtes environ 10 minutes, jusqu'à ce qu'elles soient *al dente*. Égoutter et déposer sur un linge humide propre.

Dans un plat à gratin, étaler ⅓ de la béchamel. Couvrir de ¼ des pâtes, en les chevauchant légèrement. Ajouter, en couches successives, 2 rangs de jambon, ¼ des pâtes, ⅓ de la béchamel, la moitié des oignons caramélisés, ¼ des pâtes, le reste de la béchamel, 2 rangs de jambon et le reste des pâtes et des oignons caramélisés. Saupoudrer de gruyère.

Cuire au four 20 minutes. Laisser reposer 5 minutes avant de servir.

NOTE: S'il reste des pâtes, les couper en languettes et les utiliser dans une soupe ou les servir avec une sauce tomate.

Lasagne au veau, aux poireaux et aux herbes

PORTIONS: 6 **PRÉPARATION:** 25 min **RÉFRIGÉRATION:** 20 min **SÉCHAGE:** 30 min **CUISSON:** 1 h 05 min

190 g (1 ½ tasse) de farine non blanchie

40 g (¼ tasse) de semoule de blé dur

2 œufs

2 c. à soupe d'huile d'olive au basilic

1 c. à café de sel

1 c. à soupe de persil frais finement haché

1 c. à soupe de cerfeuil frais finement haché

2 c. à soupe de beurre

4 poireaux, émincés

450 g (1 lb) de veau haché

2 gousses d'ail, hachées

1 c. à soupe de zeste fin de citron

1 c. à soupe de thym frais haché

125 ml (½ tasse) de bouillon de volaille

Sel et poivre

500 ml (2 tasses) de coulis de tomate

500 ml (2 tasses) de sauce béchamel (voir recette p. 39)

375 g (¾ lb) de gruyère, râpé

Préchauffer le four à 190 °C (375 °F).

Dans un bol, tamiser la farine et la semoule de blé dur et creuser un puits au centre. Ajouter les œufs, l'huile et le sel. Mélanger avec les doigts. Incorporer les herbes. Pétrir 5 minutes. Former une boule de pâte aplatie et envelopper dans un linge humide. Réfrigérer 20 minutes.

Couper la pâte en 2. Aplatir au rouleau jusqu'à l'obtention d'une fine feuille. Couper en rectangles et déposer sur une table légèrement farinée. Laisser sécher 30 minutes.

Dans un poêlon à feu moyen, fondre le beurre et faire revenir les poireaux 5 minutes. Ajouter le veau, l'ail, le zeste et le thym, et cuire 5 minutes, en remuant. Verser le bouillon et porter à ébullition 5 minutes. Baisser le feu et laisser frémir 20 minutes. Saler et poivrer.

Dans de l'eau bouillante salée, cuire les pâtes environ 3 minutes *al dente*. Égoutter et déposer sur un linge propre.

Dans 6 plats à gratin beurrés, verser le coulis de tomate. Couvrir d'un rectangle de pâte, de la moitié du mélange de veau d'un autre rectangle de pâte, de la béchamel, du gruyère et du reste de veau. Terminer avec une pâte.

Couvrir de papier d'aluminium et cuire au four 20 minutes. Retirer le papier, badigeonner de beurre fondu et cuire 5 minutes. Servir immédiatement.

NOTE: La pâte peut être préparée au robot culinaire, comme une pâte à tarte.

Lasagne aux merguez et aux aubergines

PORTIONS: 6 **PRÉPARATION:** 45 min **ATTENTE:** 30 min **CUISSON:** 50 min

3 aubergines moyennes, tranchées

Sel et poivre

450 g (1 lb) de pâtes à lasagne

4 c. à soupe d'huile d'olive extra vierge

1 gros oignon, en rondelles

6 saucisses merguez (saucisses d'agneau), en tronçons

Noisette de beurre (pour le plat à gratin)

750 ml (3 tasses) de coulis de tomate

225 g (½ lb) de fromage pecorino, râpé

6 c. à soupe de crème sure

1 c. à soupe de coriandre hachée

Préchauffer le four à 190 °C (375 °F).

Mettre les tranches d'aubergine dans une passoire posée sur un grand bol. Saupoudrer de sel et laisser dégorger 30 minutes. Rincer et éponger sur du papier essuie-tout.

Dans de l'eau bouillante salée, cuire les pâtes *al dente*. Égoutter, rincer et déposer sur un linge propre.

Dans un poêlon, chauffer 1 c. à soupe d'huile et faire rôtir l'oignon et les merguez environ 10 minutes, jusqu'à ce que les saucisses soient dorées de tous côtés. Couvrir et retirer du feu.

Dans un autre poêlon à feu moyen, chauffer le reste de l'huile et faire revenir les tranches d'aubergine environ 5 minutes ou jusqu'à ce qu'elles soient légèrement dorées. Retirer du feu. Saler et poivrer.

Dans un plat à gratin beurré, verser ⅓ du coulis de tomate. Couvrir du ⅓ des pâtes, puis du ⅓ des aubergines, de 3 merguez et du ⅓ des pâtes. Saupoudrer la moitié du pecorino. Alterner, par couches successives : la moitié du coulis qui reste, ⅓ des aubergines, 3 merguez, le reste des pâtes, du coulis et des aubergines. Déposer la crème sure sur les aubergines par petites cuillerées. Saupoudrer du reste de pecorino. Arroser de quelques gouttes d'huile d'olive.

Cuire au four 25 minutes. Saupoudrer de coriandre et servir immédiatement.

Lasagne aux courgettes et aux lardons

PORTIONS: 4 **PRÉPARATION:** 20 min **CUISSON:** 40 min **ATTENTE:** 5 min

450 g (1 lb) de lardons

1 courgette moyenne, en dés

1 oignon moyen, haché

½ c. à café de poivre vert moulu

¼ c. à café de grains de café moulus

2 gousses d'ail

750 ml (3 tasses) de béchamel (voir recette p. 39)

4 c. à soupe de coulis de tomate

½ c. à café de muscade moulue

Noisette de beurre (pour le plat à gratin)

4 courgettes moyennes, tranchées sur le long

125 g (1 ¼ tasse) de parmesan râpé

Préchauffer le four à 190 °C (375 °F).

Dans une poêle, à feu moyen, faire revenir les lardons 5 minutes. Ajouter la courgette et l'oignon. Saupoudrer de poivre vert et de café moulu, et cuire 8 minutes ou jusqu'à ce que les lardons soient légèrement dorés. Mettre au robot culinaire, ajouter l'ail et, par touches successives, hacher finement.

Dans une casserole, mélanger la béchamel, le coulis de tomate et la muscade. Chauffer à feu très doux 5 minutes.

Dans un plat à gratin beurré, étaler une couche de béchamel à la tomate. Couvrir de deux rangs de tranches de courgettes, en les chevauchant. Ajouter la moitié du hachis de lardons, puis deux rangs de tranches de courgette et le reste du hachis de lardons. Terminer par le reste des courgettes et de la béchamel à la tomate. Saupoudrer de parmesan.

Cuire au four 20 minutes ou jusqu'à ce que le dessus de la lasagne bouillonne et soit doré. Laisser reposer 5 minutes avant de servir.

Lasagne bolognaise

PORTIONS: 6 **PRÉPARATION:** 30 min **CUISSON:** 1 h 40 **ATTENTE:** 5 min

3 c. à soupe d'huile d'olive
    extra vierge

1 gros oignon, haché

2 branches de céleri, hachées

2 carottes, hachées

2 gousses d'ail, hachées

450 g (1 lb) de bœuf haché

225 g (½ lb) de veau haché

225 g (½ lb) de porc haché

125 ml (½ tasse) de vin rouge sec

2 c. à soupe de farine

1 kg (2 lb) de tomates, en dés

125 ml (½ tasse) de bouillon de bœuf

2 c. à soupe de persil frais haché

1 c. à soupe de marjolaine fraîche
    hachée

2 c. à soupe de thym frais haché

Sel et poivre

450 g (1 lb) de pâtes à lasagne

225 g (½ lb) de parmesan, râpé

2 c. à soupe de beurre, en petits
    dés

Béchamel

3 c. à soupe de beurre

125 ml (½ tasse) de farine

500 ml (2 tasses) de lait

½ c. à café de muscade

225 g (½ lb) de parmesan, râpé

Préchauffer le four à 190 °C (375 °F).

Dans une grande casserole, à feu moyen, chauffer l'huile et faire revenir l'oignon, le céleri, les carottes et l'ail 5 minutes, en remuant. Ajouter le bœuf, le veau et le porc et cuire, en remuant, 15 minutes. Retirer le gras de cuisson. Ajouter le vin rouge et porter à ébullition. Saupoudrer la farine et mélanger. Ajouter les tomates, le bouillon, le persil, la marjolaine et le thym. Saler et poivrer. Laisser mijoter 30 minutes.

Dans de l'eau bouillante salée, cuire les pâtes *al dente*. Égoutter et déposer sur un linge humide propre.

Béchamel : Dans une casserole, à feu doux, faire fondre le beurre. Incorporer la farine et cuire 2 minutes. Verser le lait en fouettant et continuer de fouetter jusqu'à ce que la sauce épaississe. Retirer du feu, ajouter la muscade et le parmesan râpé, et mélanger.

Dans un plat à gratin beurré, déposer le ¼ des pâtes. Couvrir du ⅓ de la sauce à la viande et saupoudrer du reste du parmesan. Ajouter, par couches successives, ¼ des pâtes, ⅓ de la sauce à la viande, ¼ des pâtes, le reste de la sauce à la viande, puis le reste des pâtes. Verser la béchamel sur les pâtes. Garnir de quelques dés de beurre.

Cuire au four 25 minutes ou jusqu'à ce que le dessus de la lasagne soit doré et bouillonne. Retirer du four et laisser reposer 5 minutes avant de servir.

Lasagne au confit de canard et aux champignons

PORTIONS: 4 **PRÉPARATION:** 30 min **CUISSON:** 40 min

8 pâtes à lasagne

2 c. à soupe de gras de canard

1 oignon, finement haché

3 cuisses de canard confites, désossées et hachées

2 c. à soupe de feuilles de céleri hachées

Sel et poivre

2 champignons portobello, en 8 tranches épaisses

1 c. à soupe de persil frais haché

1 gousse d'ail, très finement hachée

250 ml (1 tasse) de béchamel (voir recette p. 39)

125 ml (½ tasse) de bouillon de volaille

60 ml (¼ tasse) de porto

225 g (½ lb) de gouda vieilli, râpé

Préchauffer le four à 190 °C (375 °F).

Dans de l'eau bouillante salée, cuire les pâtes *al dente*. Égoutter et rincer. Couper les pâtes en carrés et les déposer sur un linge humide propre.

Dans un poêlon à feu doux, faire fondre 1 c. à soupe de gras de canard et faire revenir l'oignon 3 minutes. Ajouter le canard confit et faire revenir 5 minutes. Ajouter les feuilles de céleri et poivrer.

Dans un autre poêlon, faire fondre le reste du gras de canard et dorer les champignons 3 minutes de chaque côté. Retirer du feu et saler.

Dans un petit bol, mélanger le persil et l'ail.

Au bain-marie, mélanger la béchamel, le bouillon et le porto. Chauffer à feu doux, en remuant, environ 5 minutes ou jusqu'à ce que la sauce épaississe. Ajouter le gouda. Saler et poivrer. Retirer du feu et garder la sauce au chaud.

Dans des assiettes individuelles pouvant aller au four, verser 1 c. à soupe de béchamel, puis en couches successives, un carré de pâte, le hachis de canard, les champignons, un carré de pâte et la béchamel.

Cuire au four 8 minutes. Saupoudrer du mélange de persil et d'ail et servir immédiatement.

Lasagne au dindon cacciatore

PORTIONS: 6 **PRÉPARATION:** 20 min **CUISSON:** 1 h 25

Sauce cacciatore

2 c. à soupe d'huile d'olive extra vierge

2 gros oignons, hachés

675 g (1 ½ lb) de dinde hachée

2 gousses d'ail, hachées

1 poivron vert, en dés

1 poivron rouge, en dés

200 g (7 oz) de champignons de Paris, émincés

2 branches de céleri, hachées

1 c. à soupe d'origan séché

125 ml (½ tasse) de vin blanc

750 ml (3 tasses) de tomates broyées, en conserve

2 c. à soupe d'olives vertes, tranchées

Sel et poivre

12 pâtes à lasagne

500 ml (2 tasses) de ricotta

225 g (½ lb) de fromage provolone, râpé

2 c. à soupe de persil frais haché

Préchauffer le four à 190 °C (375 °F).

Préparation de la sauce cacciatore : Dans une casserole, chauffer l'huile d'olive et faire revenir les oignons 5 minutes. Ajouter la dinde hachée et cuire, en remuant, 8 minutes. Ajouter l'ail, les poivrons, les champignons, le céleri et l'origan, et cuire 5 minutes, en remuant. Verser le vin blanc et laisser réduire 2 minutes. Ajouter les tomates et les olives, mélanger et laisser mijoter à feu moyen 20 minutes. Saler et poivrer au goût.

Dans une grande quantité d'eau bouillante salée, cuire les pâtes environ 10 minutes, jusqu'à ce qu'elles soient *al dente*. Égoutter et déposer sur un linge humide propre.

Dans un plat à gratin, verser 250 ml (1 tasse) de sauce cacciatore. Couvrir du ⅓ des pâtes, puis de la moitié du reste de la sauce, de la moitié de la ricotta et d'un autre ⅓ des pâtes. Répéter l'opération avec le reste de la sauce, de la ricotta et des pâtes. Couvrir de provolone.

Cuire au four 35 minutes. Saupoudrer de persil et servir immédiatement.

Lasagne au poulet, au prosciutto et aux légumes

PORTIONS: 4 **PRÉPARATION:** 20 min **CUISSON:** 35 min **ATTENTE:** 5 min

16 pâtes à lasagne

500 ml (2 tasses) de béchamel (voir recette p. 39)

500 ml (2 tasses) de coulis de tomate

2 c. à soupe de basilic frais haché

1 poitrine de poulet, cuite et coupée en tranches fines

8 tranches fines de prosciutto + 2 tranches coupées en 2

2 courgettes, en tranches fines

4 artichauts à l'huile, coupés en 2

450 g (1 lb) de mozzarella, râpée

Préchauffer le four à 180 °C (350 °F).

Dans une grande quantité d'eau bouillante salée, cuire les pâtes environ 10 minutes, jusqu'à ce qu'elles soient *al dente*. Égoutter et déposer sur un linge humide propre.

Dans une casserole, mélanger la béchamel, le coulis de tomate et le basilic. Cuire à feu doux 5 minutes, en remuant.

Dans des plats à gratin individuels, verser une couche de sauce au basilic. Alterner, en couches successives, pâte, poulet, 1 tranche de prosciutto, sauce, pâte, quelques tranches de courgettes, 2 morceaux d'artichaut, pâte, poulet, 1 tranche de prosciutto, pâte, puis sauce au basilic. Saupoudrer de mozzarella.

Cuire au four 20 minutes. Placer une demi-tranche de prosciutto roulée sur chaque plat et laisser reposer 5 minutes. Servir.

Lasagne au poulet, aux courgettes et au safran

PORTIONS: 6 **PRÉPARATION:** 15 min **CUISSON:** 40 min **ATTENTE:** 5 min

12 pâtes à lasagne de blé entier

1 litre (4 tasses) de sauce béchamel (voir recette p. 39)

2 c. à café de safran

Noisette de beurre (pour le plat à gratin)

2 tomates moyennes, en tranches fines

450 g (1 lb) de poitrine de poulet, cuite et émincée

4 courgettes moyennes, râpées

225 g (½ lb) de parmesan, râpé

4 c. à soupe de chapelure

2 c. à soupe de beurre

Préchauffer le four à 180 °C (350 °F).

Dans une grande quantité d'eau bouillante salée, cuire les pâtes environ 10 minutes, jusqu'à ce qu'elles soient *al dente*. Égoutter et déposer sur un linge humide propre.

Dans une casserole à feu doux, chauffer la béchamel et le safran 5 minutes.

Dans un plat à gratin beurré, verser ⅓ de la sauce béchamel. Déposer ⅓ des pâtes, en les chevauchant légèrement. Couvrir des tranches de tomate. Ajouter, par couches successives, ⅓ du poulet, la moitié des courgettes, ⅓ des pâtes, ⅓ de la sauce béchamel, ⅓ du poulet, le reste des courgettes, des pâtes, du poulet et de la sauce béchamel. Saupoudrer de parmesan et de chapelure. Parsemer de quelques noix de beurre.

Cuire au four 25 minutes. Laisser reposer 5 minutes avant de servir.

Lasagne au poulet, à l'estragon et au vin blanc

PORTIONS: 6 **PRÉPARATION:** 20 min **CUISSON:** 40 min

2 c. à soupe de beurre + noisette
(pour le plat à gratin)

2 gousses d'ail, hachées

2 échalotes, hachées

6 cuisses de poulet, cuites et
coupées en morceaux

250 ml (1 tasse) de vin blanc sec

1 litre (4 tasses) de béchamel
(voir recette p. 39)

1 c. à soupe d'estragon frais haché

12 pâtes à lasagne vertes
(aux épinards)

250 ml (1 tasse) de crème fraîche

450 g (1 lb) de mozzarella, râpée

Préchauffer le four à 180 °C (350 °F).

Dans une grande casserole, faire fondre le beurre, puis faire revenir l'ail et les échalotes 4 minutes. Ajouter les morceaux de poulet et faire sauter 2 minutes. Verser le vin blanc et laisser évaporer à feu moyen 2 minutes. Incorporer la béchamel. Ajouter l'estragon et retirer du feu.

Dans une grande quantité d'eau bouillante salée, cuire les pâtes environ 10 minutes, jusqu'à ce qu'elles soient *al dente*. Égoutter et déposer sur un linge humide propre.

Dans un plat à gratin beurré, déposer ⅓ des pâtes. Couvrir de la moitié de la sauce au poulet, puis d'une autre couche de pâtes, du reste de la sauce au poulet et du reste des pâtes. Verser la crème fraîche sur les pâtes et saupoudrer de mozzarella.

Cuire au four 20 minutes. Servir immédiatement.

Rouleaux de lasagne aux épinards et au poulet

PORTIONS: 4 **PRÉPARATION:** 25 min **CUISSON:** 1 h 10

2 c. à soupe d'huile d'olive extra vierge

1 oignon, haché

1 carotte moyenne, hachée

1 branche de céleri, hachée

450 g (1 lb) de poulet, haché

225 g (7 ½ tasses) d'épinards frais hachés

1 c. à soupe de thym frais haché

1 c. à soupe de persil frais haché

1 branche de romarin, hachée

8 pâtes à lasagne aux épinards (vertes)

450 g (1 lb) de cheddar, râpé

750 ml (3 tasses) de béchamel (voir recette p. 39)

500 ml (2 tasses) de coulis de tomate

Préchauffer le four à 180 °C (350 °F).

Dans un grand poêlon, chauffer l'huile et faire revenir l'oignon, la carotte et le céleri 5 minutes. Ajouter le poulet haché et cuire 15 minutes, en remuant fréquemment. Ajouter les épinards, le thym, le persil et le romarin. Laisser mijoter 10 minutes.

Dans une grande quantité d'eau bouillante salée, cuire les pâtes environ 10 minutes, jusqu'à ce qu'elles soient *al dente*. Égoutter et déposer sur un linge humide propre.

Répartir la moitié du cheddar sur les pâtes. Déposer un peu de farce au poulet sur chaque pâte et former des rouleaux.

Couvrir le fond de plats à gratin individuels de béchamel. Déposer 2 rouleaux dans chaque plat et couvrir du reste de la béchamel. Verser le coulis de tomate et saupoudrer du reste du cheddar.

Cuire au four 30 minutes ou jusqu'à ce que le dessus des rouleaux soit doré. Servir immédiatement.

Lasagne à la brandade de morue

PORTIONS: 4 **PRÉPARATION:** 1 h **CUISSON:** 1 h 35 **TREMPAGE:** 24 h

450 g (1 lb) de morue salée

250 ml (1 tasse) de lait

450 g (1 lb) de pommes de terre, pelées

8 gousses d'ail, finement hachées

½ c. à café de muscade moulue

2 c. à soupe de thym frais haché

1 c. à soupe de persil frais haché

Sel et poivre

250 ml (1 tasse) d'huile d'olive extra vierge

12 pâtes à lasagne

500 ml (2 tasses) de coulis de tomates

4 poivrons rouges rôtis

450 g (1 lb) de gruyère, râpé

Préparation de la brandade : Placer la morue salée dans un grand bol. Couvrir d'eau et faire tremper 24 heures, en changeant l'eau 4 fois. Égoutter la morue et la mettre dans une casserole d'eau froide. Porter à ébullition et cuire 15 minutes. Égoutter et laisser refroidir. Retirer les arêtes et la peau.

Remettre la morue dans la casserole nettoyée et couvrir de lait. Porter à ébullition, réduire le feu et laisser mijoter 15 minutes.

Dans une casserole d'eau salée, cuire les pommes de terre environ 25 minutes ou jusqu'à ce qu'elles soient tendres. Égoutter et écraser à la fourchette.

Émietter la morue et l'ajouter aux pommes de terre avec l'ail, la muscade, le thym, le persil, du sel et du poivre. Ajouter l'huile lentement, en fouettant la préparation.

Préchauffer le four à 200 °C (400 °F).

Dans une grande quantité d'eau bouillante salée, cuire les pâtes environ 10 minutes, jusqu'à ce qu'elles soient *al dente*. Égoutter et déposer sur un linge humide propre.

Dans un plat à gratin, verser 125 ml (½ tasse) de coulis de tomate. Ajouter, par couches successives : pâtes, la moitié de la brandade de morue, 2 poivrons rôtis, pâtes, le reste de la brandade et des poivrons. Terminer par une couche de pâtes. Saupoudrer de gruyère râpé.

Cuire au four 30 minutes. Servir immédiatement.

Lasagne à la truite saumonée et à l'aneth

PORTIONS: 4   **PRÉPARATION:** 25 min   **CUISSON:** 14 min

4 pâtes à lasagne

500 ml (2 tasses) de crème fraîche

3 c. à soupe de jus d'orange

3 c. à soupe d'aneth frais haché

450 g (1 lb) de truite saumonée, cuite

4 tranches de camembert

1 c. à soupe de miettes de feuilles de nori

Préchauffer le four à 200 °C (400 °F).

Dans une grande quantité d'eau bouillante salée, cuire les pâtes environ 10 minutes, jusqu'à ce qu'elles soient *al dente*. Égoutter et déposer sur un linge humide propre. À l'aide d'un emporte-pièce, couper 12 cercles dans les pâtes.

Dans un bol, mélanger la crème fraîche, le jus d'orange, l'aneth et la truite.

Dans des assiettes individuelles allant au four, déposer un cercle de pâte et couvrir de sauce à la crème et à la truite. Couvrir d'un autre cercle de pâte, puis de sauce. Terminer par un cercle de pâte. Garnir d'une tranche de camembert.

Cuire au four 4 minutes ou jusqu'à ce que le fromage soit légèrement fondu. Garnir de miettes de nori et servir immédiatement.

Lasagne au saumon et aux asperges

PORTIONS: 4 **PRÉPARATION:** 20 min **CUISSON:** 20 min

8 pâtes à lasagne

500 ml (2 tasses) de bouillon de légumes

450 g (1 lb) d'asperges vertes

125 ml (½ tasse) de crème sure

2 c. à soupe de mayonnaise

1 c. à soupe de feuilles de coriandre fraîche hachées

450 g (1 lb) de saumon frais cuit au court-bouillon, émietté

1 citron, en tranches fines

Dans une grande quantité d'eau bouillante salée, cuire les pâtes environ 10 minutes, jusqu'à ce qu'elles soient *al dente*. Égoutter, rincer et déposer sur un linge humide propre.

Dans une casserole, porter le bouillon de légumes à ébullition. Ajouter les asperges et cuire 6 minutes ou jusqu'à ce qu'elles soient tendres sous la pointe d'un couteau. Égoutter les asperges et réserver le liquide de cuisson.

Dans un bol, mélanger la crème sure, la mayonnaise, 3 c. à soupe du liquide de cuisson et la coriandre.

Dans des assiettes individuelles, verser 2 c. à soupe de sauce à la coriandre. Couvrir d'une pâte, puis d'asperges et d'une cuillerée de sauce. Couvrir d'une autre pâte et de morceaux de saumon. Terminer par une cuillerée de sauce. Garnir d'une tranche de citron et de pointes d'asperges. Servir immédiatement.

NOTE: Cette lasagne froide, vite préparée, constitue une délicieuse entrée ou un repas léger.

Lasagne aux fruits de mer

PORTIONS: 4 **PRÉPARATION:** 20 min **CUISSON:** 35 min

8 pâtes à lasagne

16 moules

500 ml (2 tasses) de vin blanc sec

1 c. à soupe de persil, haché finement

8 crevettes, cuites

12 petits pétoncles

4 c. à soupe de beurre salé

1 échalote, très finement hachée

5 c. à soupe de farine tout usage

500 ml (2 tasses) de crème légère 15 %

250 ml (1 tasse) de lait

225 g (½ lb) de chair de crabe

Sel et poivre

½ c. à café de muscade moulue

2 c. à soupe de zeste de citron finement râpé

2 c. à soupe de basilic thaïlandais

4 c. à café de crème fraîche

2 c. à soupe de parmesan râpé

4 c. à café d'huile d'olive au basilic

Préchauffer le gril du four.

Dans de l'eau bouillante salée, cuire les pâtes *al dente*. Égoutter et déposer sur un linge propre.

Dans une casserole, à feu moyen, cuire les moules dans le vin blanc et le persil, en remuant la casserole souvent, 7 minutes ou jusqu'à ce que les moules soient ouvertes. Retirer les moules de la casserole et les décortiquer.

Dans le jus de cuisson, pocher les crevettes et les pétoncles 3 minutes. Retirer les crevettes et les pétoncles. Réserver le jus de cuisson.

Dans une casserole, faire fondre le beurre et revenir l'échalote 2 minutes. Incorporer la farine et cuire 1 minute, en remuant. Verser le liquide de cuisson des moules en fouettant. Incorporer la crème légère et le lait. Laisser frémir 5 minutes. Ajouter la chair de crabe, les moules, les pétoncles et les crevettes. Chauffer 5 minutes. Retirer du feu. Saler et poivrer. Incorporer la muscade, le zeste de citron et le basilic thaïlandais.

Dans des assiettes individuelles pouvant aller au four, placer une pâte. Couvrir de sauce aux fruits de mer, puis d'une autre pâte. Garnir d'une cuillerée de crème fraîche et saupoudrer de parmesan.

Placer sous le gril 2 minutes pour dorer le parmesan. Arroser d'huile d'olive au basilic et servir immédiatement.

NOTE: Pour varier, utiliser des lasagnes noires à l'encre de seiche.

Lasagne aux pétoncles et aux courgettes

PORTIONS: 4   **PRÉPARATION:** 25 min   **CUISSON:** 45 min

12 pâtes à lasagne

1 c. à soupe d'huile d'olive extra vierge + un filet

2 c. à soupe de beurre + noisette (pour le plat à gratin)

675 g (1 ½ lb) de petits pétoncles

2 courgettes, en dés

1 c. à soupe de piment broyé

1 c. à soupe d'origan frais haché

225 g (½ lb) de ricotta

1 échalote, finement hachée

1 tomate, pelée et coupée en dés

Sel et poivre

2 c. à soupe de persil frais haché

250 ml (2 tasses) de croustilles, écrasées

225 g (½ lb) de parmesan, râpé

Préchauffer le four à 180 °C (350 °F).

Dans une grande quantité d'eau bouillante salée, cuire les pâtes environ 10 minutes, jusqu'à ce qu'elles soient *al dente*. Égoutter et déposer sur un linge humide propre.

Dans un poêlon, chauffer l'huile et le beurre et faire sauter les pétoncles 2 minutes. Ajouter les courgettes, le piment et l'origan. Cuire 5 minutes.

Dans un bol, mélanger la ricotta, l'échalote et la tomate. Saler et poivrer au goût.

Dans un moule à gratin beurré, étaler une couche de pâtes. Couvrir de la moitié du mélange de ricotta, puis de la moitié du mélange pétoncles-courgettes. Parsemer du persil haché. Couvrir d'une seconde couche de pâtes, puis du reste de la ricotta et du reste du mélange pétoncles-courgettes. Couvrir de miettes de croustilles et de parmesan. Arroser d'un filet d'huile d'olive.

Cuire au four 25 minutes. Servir immédiatement.

Millefeuilles au saumon fumé

PORTIONS: 4 **PRÉPARATION:** 25 min

250 ml (1 tasse) de crème
à fouetter 35 %

2 c. à soupe de zeste de citron

¼ c. à café de sel

¼ c. à café de poivre rose moulu

250 ml (1 tasse) de crème sure

2 c. à soupe de jus de citron

12 tranches de saumon fumé

3 concombres libanais, râpés
grossièrement

2 c. à soupe de caviar

2 c. à soupe d'huile d'olive
extra vierge

Dans un grand bol, au batteur électrique, fouetter la crème 35 % jusqu'à ce qu'elle forme des pics mous. Ajouter le zeste de citron, le sel et le poivre rose, et continuer de fouetter jusqu'à l'obtention de pics fermes.

Dans un bol, mélanger la crème sure et le jus de citron. Incorporer délicatement la crème fouettée.

Dans des assiettes individuelles, disposer 1 tranche de saumon fumé. Couvrir d'un peu de crème au citron, puis de concombre râpé. Couvrir d'une autre tranche de saumon fumé, de sauce, puis de concombre. Terminer par une tranche de saumon fumé. Garnir de caviar. Arroser d'huile d'olive et servir immédiatement.

Dans la même collection

Complètement

Biscuits
Burgers
Cheesecakes
Crème glacée
Crêpes
Crevettes
Cru
Desserts en pots
Érable
Fraises
Limonades
Pétoncles
Poulet
Quinoa
Risottos
Salades
Saumon
Smoothies
Soupes d'automne
Soupes froides
Tajines
Tartares
Tomates

Absolutely...

Autumn Soups
Cheesecake
Chicken
Cold Soups
Cookies
Crepes
Desserts In A Jar
Ice Cream
Lasagna
Lemonade
Quinoa
Raw
Risotto
Salads
Salmon
Shrimp
Smoothies
Tajine
Tartare
Tomatoes